图案里的中国故事

节日百图

主编 舒惠芳 沈泓

全国高校出版社主题出版

重庆大学出版社

图书在版编目（CIP）数据

图案里的中国故事. 节日百图 / 舒惠芳，沈泓主编. -- 重庆：重庆大学出版社，2022.6

ISBN 978-7-5689-3194-6

Ⅰ.①图… Ⅱ.①舒… ②沈… Ⅲ.①节日—风俗习惯—中国—通俗读物 Ⅳ.①K203-49②K892.1-49

中国版本图书馆CIP数据核字（2022）第065982号

图案里的中国故事 · 节日百图

TU'AN LI DE ZHONGGUO GUSHI · JIERI BAITU

主　编　　舒惠芳　沈　泓

策划编辑：刘雯娜　张菱芷

责任编辑：刘雯娜　赵立民

版式设计：琢字文化

责任校对：邹　忌

责任印制：赵　晟

*

重庆大学出版社出版发行

出版人：饶帮华

社址：重庆市沙坪坝区大学城西路 21 号

邮编：401331

电话：（023）88617190 88617185（中小学）

传真：（023）88617186 88617166

网址：http：//www.cqup.com.cn

邮箱：fxk@cqup.com.cn（营销中心）

全国新华书店经销

重庆新金雅迪艺术印刷有限公司印刷

*

开本：787 mm × 1092mm　1/16　印张：8　字数：144 千

2022 年 6 月第 1 版　2022 年 6 月第 1 次印刷

ISBN 978-7-5689-3194-6　定价：58.00 元

总序

中国的传统图案历史悠久，是中国优秀传统文化的形象载体，具有跨越时空的审美价值。中国各民族创造的绚丽多彩的图案艺术，是中国民间美术造型的重要组成部分，它蕴含着各民族社会生活、历史文化、风俗习惯和美学观念等丰富内涵，与中国文化史、中国思想史、中国美术史、中国民俗史等诸多领域的知识体系紧密相关。

每个时期的地域文化，都会产生它特有的艺术形式。透过传统图案的纹样、造型设计和装饰现象，人们可以窥视到某个民族、某个地区、某个时期、某种文化的具体表现。传统图案犹如社会生活的一面镜子，不仅映射出各族人民劳动和生活的方方面面，而且也以其独特的造型艺术语言反映了各族人民的造物活动、情感生活与生命追求。传统图案中的每一个纹样、每一种形象、每一幅构图都不是孤立存在的，它们就像历史文化长河中的一叶小舟，可能还负载和积淀着那些至今尚未被科学认知的、充满原始神秘色彩的多种文化信息与符号象征。

源远流长的中国传统图案具有深刻的文化内涵。它产生于民间，为社会各阶层所接受，经过千百年来的不断创新和发展，其内容和表现形式愈加丰富多彩，充分体现了劳动人民的艺术想象力和创造力。它所表现的观念意识在中华民族中具有普遍意义，折射出的时代背景、社会心态、民族心理和审美情趣，已远远超出了传统图案纹样本身的价值和意义，人们能从中感悟到丰厚的文化底蕴，这是人类对幸福美好的渴求与生命的礼赞。然而，若要真正了解和理解这一切，离不开对中华民族特有的思维方式和表达方式的深刻把握。

20 世纪 20 年代，中国学者就开始对中国传统图案进行整理和研究，至今已有一百多年的历史。传统图案是展现在人们面前的一幅民俗风情长卷，它结合了各族人民的节令习俗、人生礼仪和游艺活动等，以喜闻乐见的形式，在民间的文化生活中发挥着巨大的作用。在昔时漫长的岁月里，各民族群众为了摆脱自己的困苦，在与自然的搏斗和与命运的抗争中，常借助对某些事物的幻想以寻求精神上的慰藉。在对传统图案进行研究时会遇到许多错综复杂的问题交织在一起，某些美丽的图案被罩上了一层神秘的色彩，而这些图案中又寄托着各族人民的美好愿望。因此，这些传统图案作为一种文化现象，有待我们进行深入细致的研究。

习近平总书记多次强调弘扬中华优秀传统文化，提出“要加强对中华优秀传统文化的挖掘和阐发”；中共中央办公厅、国务院办公厅 2017 年 1 月印发的《关于实施中华优秀传统文化传承发展工程的意见》，提出“到 2025 年，中华优秀传统文化传承发展体系基本形成”，要求“各类文化单位机构、各级文化阵地平台，都要担负起守护、传播和弘扬中华优秀传统文化的职责”。

沈泓主编的“图案里的中国故事”丛书正是在这一时代背景下进行创作的。他视野独特，通过传统图案讲述中国故事，既贴合弘扬和传播中华优秀传统文化的思想精华和道德精髓的主旨，又符合具有趣味性和可读性的读者需求。这套丛书的可贵之处是它来自民间沃土、来自活水源头。为写作这套丛书，沈泓自费走遍全国大部分省、自治区、直辖市，从偏僻山乡到田野阡陌，寻访民间年画、剪纸、纸马、水陆画、雕刻等方面的手工艺人；从深山古寺到寂寥古巷，寻找和收集中国传统图案。这套丛书的最大亮点和不可替代性是他以二十多年来收藏的六万多张年画、剪纸、纸马、水陆画、神像画、拓片等原作，以及已故民间艺术大师的精品、孤品作为底本，增强了图说文字的可信性与权威性。

“图案里的中国故事”丛书，按专题分卷，每卷一百幅图，以图为主导，图文并茂地讲述了传统图案里的中国故事。作者不是简单地整理分类，而是深入研究和阐述这些图案的典故和寓意，注重传统图案背后的民俗知识和文化内涵，生动描述其来历和传说故事，深入浅出，娓娓道来。虽寥寥数笔，但旁征博引，言

简意赅，在认识论和方法论上都有新的突破，让读者不仅能获得审美愉悦，还能看到无限辽阔的精神境域。该丛书中的传统图案主要选自中国非物质文化遗产代表性项目年画、剪纸等，其中有许多是鲜见或即将消失的传统图案。随着时代的发展，现代社会的人们在继续应用这些传统图案时，其蕴含的积极意义必将随着人们新的认识和理解而得到升华。而在民间，传统图案所代表的美好、善良的愿望，依旧是人们克服一切困难、掌握自己命运和意志的体现。

“图案里的中国故事”丛书对濒危非遗的抢救性整理出版具有紧迫性，对实现中华文明创造性转化和创新性发展具有重要意义。

是为序。

孙建君

2022 年夏

节日

中国传统节日是我们的祖先为了适应生活生产的各种需要，纪念某人或某事而创造、修增和传承下来的重要日子，主要有春节、元宵节、清明节、端午节、七夕节、中秋节、重阳节等。这些传统节日形式多样，内容丰富，为人们的生存、安宁、健康等要求服务。它们不仅满足了人们一定的生活要求，也为维系社会秩序发挥着独特的文化功能。中国传统节日与中华民族源远流长的历史一脉相承，是中华民族宝贵的精神文化遗产。

节日风俗丰富多彩，其文化内涵可概括为以下几个方面：一是升华和丰富了民俗事项，凝结了中国民俗文化的诸多精华；二是体现和满足了人们的精神需求；三是编织并强化了人际关系纽带，成为人与人交往、交流的润滑剂；四是建构了心灵狂欢和身体狂欢的平台，为人们提供了心理尽情宣泄和情感自由释放的空间；五是创造了“天人合一”的契机，提供了民间宗教崇拜和信仰的沃土；六是为人们提供了休闲娱乐的机会。

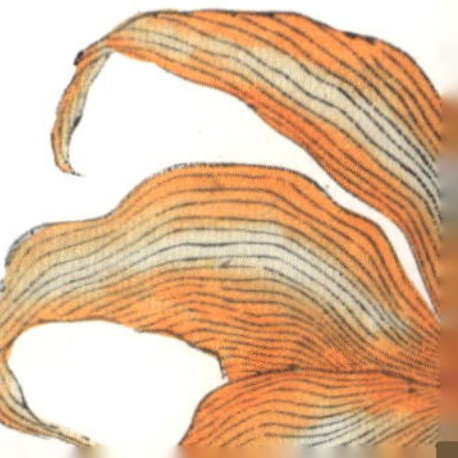

中共中央办公厅、国务院办公厅印发的《关于实施中华优秀传统文化传承发展工程的意见》倡导：“深入开展‘我们的节日’主题活动，实施中国传统节日振兴工程，丰富春节、元宵、清明、端午、七夕、中秋、重阳等传统节日文化内涵，形成新的节日习俗。”

中国传统节日是独特的民俗文化，虽然有的节日在现代社会已被淡化了色彩，但我们仍能从代代相传的民间图案中看到和感知其五彩斑斓的节俗文化。本书精选了过去人们过节时的传统图案和当代艺术家在传统图案基础上的再创作作品，表现了中国主要的传统节日。这些图案既是节日的喜庆之图，又承载着中国民俗文化的内涵。书中围绕每一张节日图案讲述节日的来龙去脉、节日趣事、节日风俗及节日的神话传说等。从这些图案中，我们依然能看到旧时的节日狂欢，感受人们闲适平和的心境。

沈　泓

2021 年冬

目录

守岁过新年

除夕的故事

一

国色天香

·剪纸窗花·

古代除夕日家家户户都要贴剪纸窗花，而牡丹是最常见的窗花图案。相传，唐玄宗因杨贵妃喜欢牡丹而特别中意牡丹。一次，唐玄宗观牡丹时问到咏赞牡丹之诗何人作的最好，有人奏推李正封的诗“国色朝酣酒，天香夜染衣”。唐玄宗以为然，于是，后世便以“国色天香”形容杨贵妃之美。时至今日，画家们画杨贵妃时仍常题写为《国色天香》。

郁垒

·漳州年画·

除夕也称“除夜”，忙碌而欢快。宋代吴自牧《梦粱录》记载：“十二月尽，俗云月穷岁尽之日，谓之除夜，士庶家不论大小家，俱洒扫门闾，去尘秽，净庭户，换门神，挂钟馗，钉桃符，贴春牌，以祈新岁之安。”

神荼

·漳州年画·

除夕白天，家家户户要贴门神、贴春联、贴年画、贴窗花、贴福字等，最常贴的就是神荼和郁垒这一对门神。

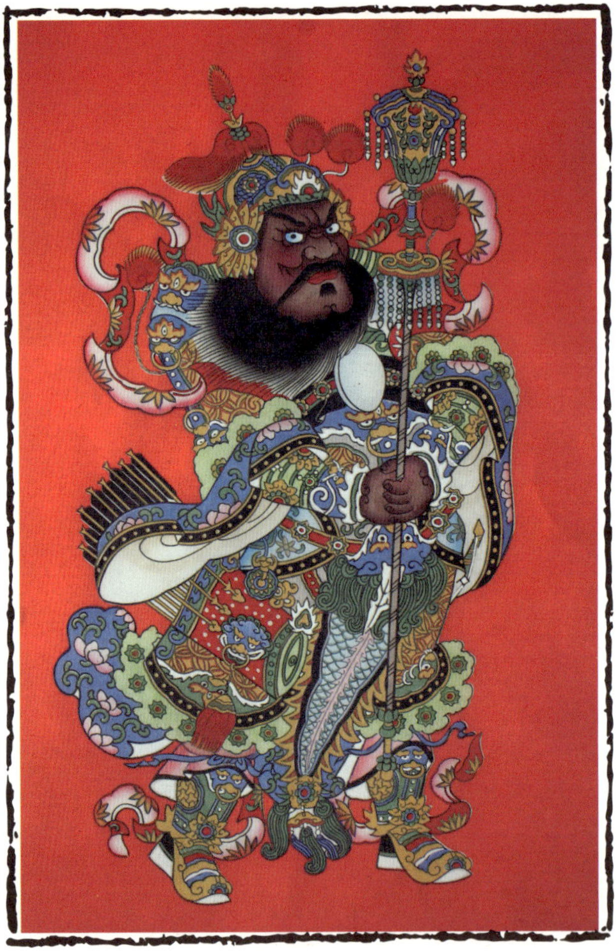

郁垒

·杨柳青年画·

神荼和郁垒的能力是有限的，不能除尽天下恶鬼，也不能保证每家每户的平安。于是黄帝向全国宣布了一道命令，春节前夕，家家户户都要用桃梗刻制神荼、郁垒像，于除夕当日悬挂于门前。同时，要在大门上端悬挂苇索，二门上画一只虎，用来避免妖魔鬼怪的侵扰。

后来，人们嫌刻木人麻烦，就直接在桃木上画两个神像，题上神荼、郁垒的名字，于除夕日下午挂在门的两旁，以压邪祛鬼。木版年画诞生后，年画艺人创作了神荼、郁垒这对门神，流传至今，成为与秦琼、尉迟恭并驾齐驱的门神。

神荼

·杨柳青年画·

《山海经》中记载了关于神荼、郁垒的故事：很久以前，东海有一座山叫度朔山，山上有百鬼出没。神荼、郁垒两兄弟神通广大，善于降鬼，每年岁末都要站在度朔山一株大树下检阅百鬼。见有害人的凶鬼，就用一种特殊的、无法挣脱的"苇索"将它捆起来，扔给专吃恶鬼的神虎充饥，为民除害。

莲年有鱼

·杨柳青年画·

除夕家家户户要贴年画。杨柳青年画《莲年有鱼》谐音“连年有余”，讲述了这样一个故事：清乾隆年间，河北胜芳镇有个叫薛富贵的财主从卫里回来。船过杨柳青，他登岸游画乡，买了一幅白俊英的《莲年有鱼》。回到家后，薛富贵刚将年画贴在门上，画里的胖娃娃就跳了下来，说：“想吃鱼，您老拿个木盆来。”薛富贵赶忙找来一个大木盆。第二天早上，木盆里果真有一条鲜活的大鲤鱼，而后每天如此。于是薛富贵开始卖鱼，赚的钱越多也变得越贪婪，他要求胖娃娃每天送他一箩筐的鱼，还掐着指头盘算整个胜芳镇都要姓薛了。胖娃娃怕被钱玷污了自己的灵性，就张起荷叶帆，架起莲花船，抱着大鲤鱼，沿着大清河又回到了杨柳青。

鸟文对联

·潍县年画·

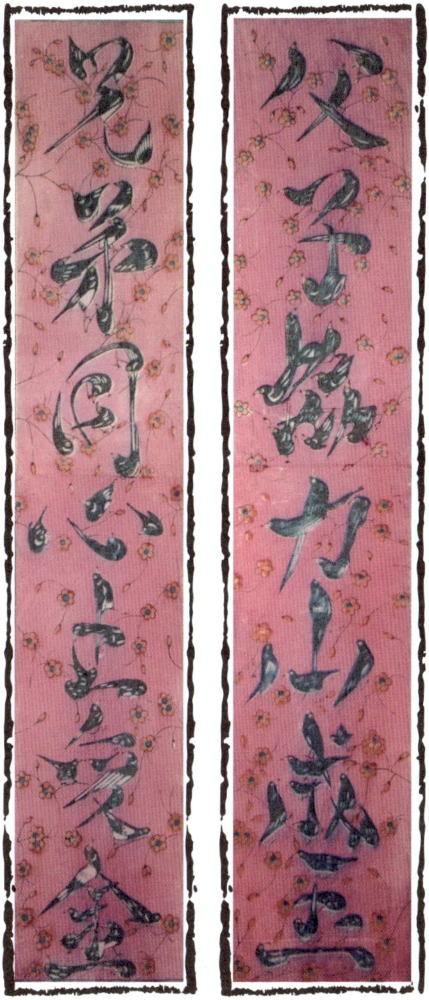

这是一副由鸟文组成的对联：“父子协力山成玉，兄弟同心土变金。”相传北宋乾德三年（公元965年）春，宋军平蜀，后蜀王孟昶丢掉了大好河山，被俘押至汴京，住在年画产地朱仙镇。孟昶是一位才子，他看到新年贴的门神，就拿起红绢，在红绢上写了一副对联：“新年纳余庆，嘉节号长春”，并挂在门神两旁。从此，门神搭配春联成为传统。

麒麟送子
桃花坞

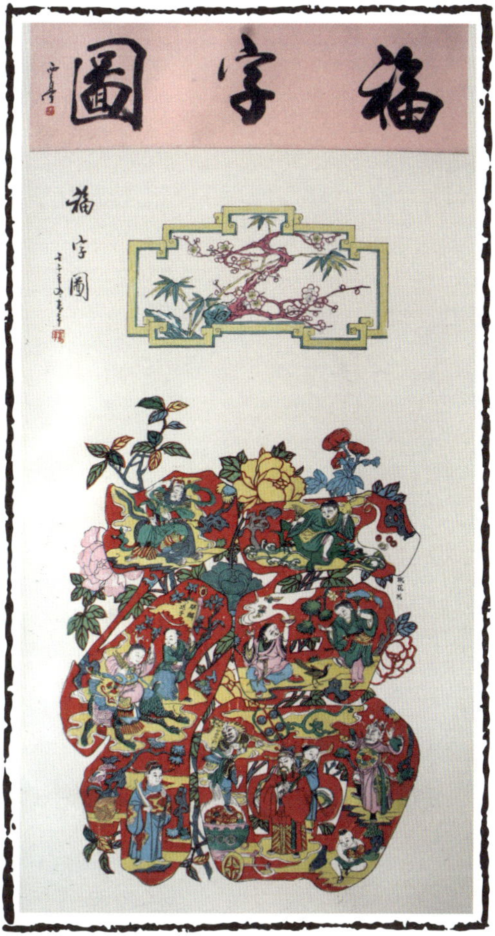

福字图

·桃花坞年画·

贴福字和贴春联、贴年画一样，也是除夕最重要的年俗。相传一年除夕夜，明太祖朱元璋微服私访，发现一家门口挂的红灯笼上画着一双脚很大的女人骑在马上，怀里抱着一双绣花鞋在哭泣。朱元璋大怒，这分明是讽刺皇后脚大。朱元璋命人把门上的“福”字倒过来作为标识，准备翌日派士兵抓去杀头。马皇后心地善良，得知此事后，让人连夜偷偷在每家每户的门上都贴上倒“福”。第二天士兵去抓人，看见家家户户都贴着倒“福”，不知道该抓谁，由此避免了一场杀戮。从此，每年除夕倒贴“福”字的习俗就流传下来了。“福”字倒着贴，谐音“福到”。

天地全神

·潍县年画·

旧时除夕日，最重要的事情是祭天地、祭祖先。这天午后，家家户户北屋内设供桌，安放祖宗牌位或悬挂祖谱。院内设天地桌香台，供奉“天地全神”或“天地三界十方万灵真宰君之神位”，或供奉玉皇大帝、王母娘娘画像。供奉的神位前摆上供品，以三牲供果，敬奉神祇。

潍县年画《天地全神》亦名《天地万神朝礼》，囊括了天地间最重要的神——天神、地神、人神、鬼神，以及儒、释、道三教等民间诸神。

百般神灵都来过新年

·潍县年画·

“腊月里，制搬年；好画子，揭几联；请门神，买对联；丹红纱，绿捎过；全天地下摆香案，百般神灵都来过新年。”潍县年画《百般神灵都来过新年》画面热热闹闹，福禄寿喜财皆有——福：右上方天官手持“天官赐福”条幅。禄：右边门楣上悬“状元府”匾额。寿：银须老爷爷正开门纳福，福寿双全。喜：左边娃娃放烟花鞭炮庆贺新年，一派喜气洋洋。财：对联“五更大门开，肥猪拱门来”，“肥猪”寓意财富。“天官赐福”赐给这家人的四只肥猪从天而降，次第走进门来，每只福猪驮着一个金元宝，送财上门；院中央还有肥猪驮着大大的金元宝。五只肥猪代表财，亦代表五福。一张小小的年画，展现了如此丰富的内容，可见中国传统文化之博大精深！

钟馗

·杨柳青年画·

《梦粱录》中有“除夜……换门神，挂钟馗”之说。唐卢肇的《唐逸史》、宋沈括的《梦溪笔谈》都记录了关于钟馗的传说故事：唐玄宗久病之中，梦见小鬼偷了贵妃的香囊和明皇的玉笛，围着宫殿跑；一穿蓝衣者捉住小鬼，……经问，回答说是武举不捷的进士，叫钟馗，发誓除尽天下妖孽。梦醒后唐玄宗的病竟好了，便要吴道子画出《钟馗捉鬼图》刻版印刷，广颁天下。从此，钟馗成了镇妖驱邪的门神。

虎

·武强年画·

古人认为虎“能执抟挫锐，噬食鬼魅”，故有“画虎于门，鬼不敢入”之说。传说玉帝听闻老虎勇猛无比，便下旨传老虎上天，成了天宫的殿前士卫。不久，地上的飞禽走兽开始胡作非为，玉帝便派老虎下凡，击败了狮、熊、马，其他恶兽闻风而逃，人间欢声动地，玉帝因老虎连胜狮、熊、马，便在它的前额画下了三条横线。后来，人间受到东海龟怪的骚扰，老虎又来到凡间，咬死了龟怪。玉帝大悦，又给老虎记一大功，在额头的三横之中又添了一竖。从此，老虎便成为百兽之王。每逢除夕，古人“画虎于门”，驱邪避祸，以求平安吉祥。

·潍坊年画·

除夕守岁之俗见于西晋周处的《风土记》：除夕之夜，各相与赠送，称为“馈岁”；酒食相邀，称为“别岁”；长幼聚饮，祝颂完备，称为“分岁”；大家终夜不眠，以待天明，称为“守岁”。魏晋时期也有除夕守岁的记载：“一夜连双岁，五更分二天。”全家团聚围坐炉旁闲聊，熬夜守岁，共享天伦之乐。南北朝时期：“是夜，禁中爆竹山呼，声闻于外。士庶之家，围炉团坐，达旦不寐，谓之守岁。”宋孟元老《东京梦华录》记载，京师除夕，禁中呈大傩仪，埋祟；士庶之家围炉团坐守岁至天明。清富察敦崇《燕京岁时记》记载了除夕日皇上升殿受贺，庶僚叩谒。士庶家祭祀，合家团圆，喝酒、放鞭炮、焚香。

除夕团坐守岁的习俗传承至今：贴春联、贴福字，挂年画，礼神，吃年夜饭，合家团坐守岁，放鞭炮，锣鼓喧天，欢天喜地玩花灯。

太公在此百无禁忌

·桃花坞年画·

古代除夕日，除了贴门神、灶王等，还要贴《太公在此百无禁忌》年画，或在门楣上贴横幅文字。姜太公即姜尚，字子牙，传说他活了一百三十九岁，先后辅佐了六位周王，伐纣成功后，姜子牙奉命封神。封完众神，职位已满，于是姜子牙坐到门楣上，当上了“监察神”，监察众神有无失职渎职、恣意妄为的行为。古人认为，除夕贴《太公在此百无禁忌》最保险，万一所贴的门神、灶神、财神、钟馗等神失职，还有姜太公管着呢！如此，姜太公堪称众神之神。

红马

·蔚县剪纸·

古代除夕有红马贴门、“喜钱”招财的习俗。清代《隰州志》记载了山西临汾一带的民俗，除夕人们剪或画红马贴于门上，作为招财纸，“以朱抹马形，曰财神所乘”，祈盼财神骑红马走进自己家中。《汉口小志》载：“红纸镂花贴于楣上，率以五张为准，名‘封门钱’，至正月十八始去之。”《江津县志》：“门楣之上，镂彩纸贴之，谓之‘喜钱’。”

灶君府

·朱仙镇年画·

古代除夕五更有一个重要仪式，就是“迎新灶君下界”。朱仙镇年画《灶君位》也称《灶神》《灶神夫妇》《灶王爷和灶王奶奶》。相传王母娘娘到人间视察民情时，她的小女儿也一同来到人间。一天晚上，小姑娘看到一户人家亮着灯，有个小伙子正在锅灶前烧火。小姑娘说自己没爹没娘，讨饭来到这里。小伙子给她弄了点吃的，小姑娘吃罢便帮小伙子烧火。两人边烧火边聊天，情投意合，就私订终身，结为夫妻。玉皇大帝得知后十分生气，说：“那个小伙子不是会烧火吗？就让他们当灶王爷和灶王奶奶吧！”

灶君位

·朱仙镇年画·

传说有一年大旱，庄稼收成不好。灶王奶奶看到百姓生活困苦，就常借回天宫娘家的机会，偷偷带回些吃的和穿的分给周围百姓。玉皇大帝发现后，下旨只准女儿、女婿每年腊月二十三回天宫一趟，初一五更便回到人间去。因此年画《灶君府》常印着“二十三日去，初一五更来”、年画《灶君位》印着“上天言好事，下界保平安”等对联，有的还有横批“一家之主”。传说灶王爷是受玉皇大帝委派掌管一家的监护神，故被封为“一家之主”。

争请财神到我家

·潍县年画·

除夕夜祭灶后便开始请财神。早在除夕前，财神年画就已畅销，人们买财神年画不是说买，而是说“请”。将请来的财神年画挂于中堂，除夕举行祭祀，在财神像前摆上供品，点燃香烛，祭祀者边行拜礼边祷告：“香红灯明，尊神驾临。体察苦难，赐福万姓。穷魔远离，财运亨通。日积月累，金满门庭。”

潍县年画《争请财神到我家》表现的就是除夕争请财神的画面。财神有多位，此幅年画中的是文财神比干。比干是商纣王的叔父，见纣王荒淫残暴，常加劝谏。有一次，比干强谏，纣王受到妲己的挑拨，大怒：“我听说圣人的心有个窍，我要挖出来看看！”说完就叫人挖了比干的心。比干虽无心，但坦荡无私，人们相信他掌管财富必定公平可靠，于是将他奉为文财神。

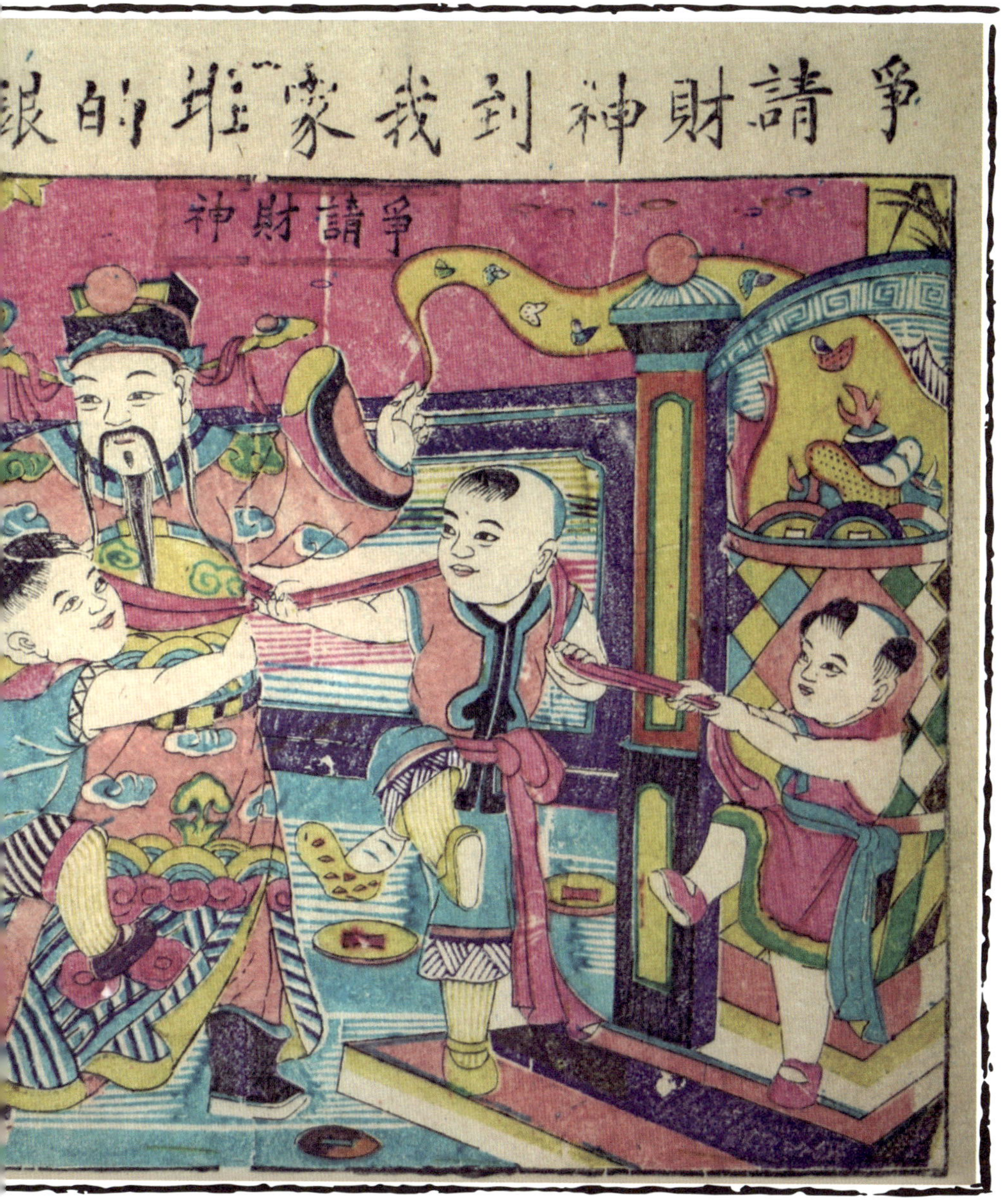
爭請財神到我家
爭請財神

财神

·云南纸马·

除夕除了请财神，还有送财神的习俗。所谓“送财神”，实为木版印制的财神年画或纸马画像，系用红纸印刷而成，中间为财神像，两旁写着“日进千乡宝，时招万里财”，上写“堆金积玉”或“添丁进财”之类的吉语。

旧时贫穷人家的小孩或街头小贩，除夕夜挨家挨户叫卖财神画像：“送财来了！”“送财神来喽！”户主绝不能说“不要”，而要客气地说：“劳您驾，快接进来。”几个铜板买一张，再穷也得赏个黏豆包，换回一张，叫作“接财神”。一个除夕夜有时能接到十几张“财神”，讨个“财神到家，越过越发”的吉利。有的地区“送财神”者为乞丐，主人施舍给他们钱财后，他们就在主人家门上或墙上贴一张财神像。

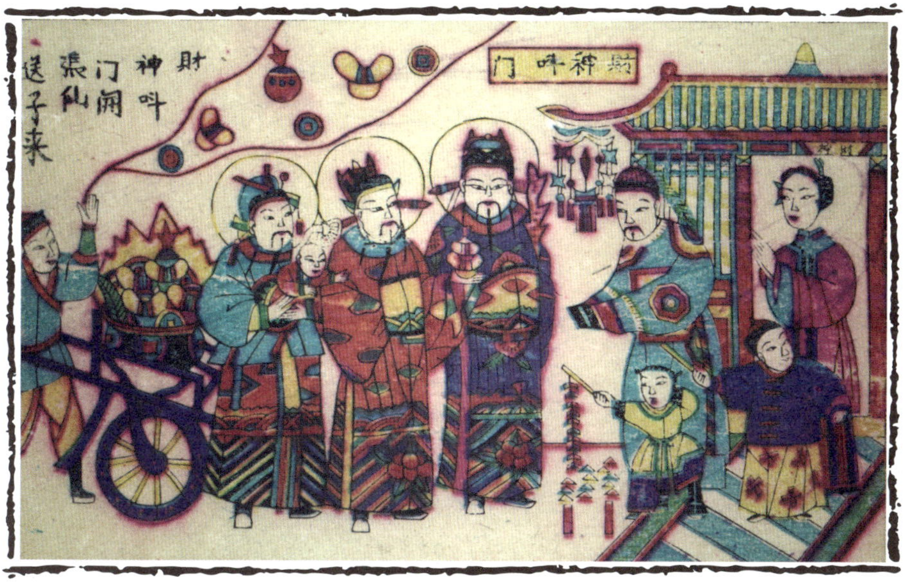

财神叫门

·潍县年画·

除夕“送财神”“接财神”的情景，被潍县年画艺人绘制到了《财神叫门》的年画中。有趣的是，“送财神”的乞丐、街头小贩变成了身穿红袍、手托金元宝的真财神。

除夕之夜全家人要一起吃饺子（饺子象征财神爷给的元宝），吃罢饺子团坐守岁，等待财神叫门，主人带领全家人接财神。旧时苏北张家港地区“送财神”者，在人家门上张贴财神像时口中念念有词：“财神贴得高，主家又蒸馒头又蒸糕；财神贴得低，主家开年好福气；财神贴得勿高勿低，主人家里钱铺地。”主人则答曰：“靠富。”

正日的故事

絜祀祖祢

二

正日祭祀

·明清木版画·

在我国古代，人们把正月初一称为“正日”。相传四千多年前，尧没把皇位传给自己的儿子，而是传给了品德才能兼备的舜，舜又把帝位传给了治洪水有功的禹。《尚书·大禹谟》云：“正月朔旦，受命于神宗，率百官，若帝之初。”《虞书·舜典》曰：“月正元日，舜格于文祖。”于是，人们将舜继承尧位、祭祀天地和先帝尧的这一天，当作一年之始。

忠孝堂
百代存心孝与忠

家堂

·清代年画·

后汉崔寔《四民月令》记载了古代“正日”的风俗：“正月之旦，是谓‘正日’，躬率妻孥，絜祀祖祢。前期三日，家长及执事，皆致齐焉。及祀日，进酒降神。毕，乃家室尊卑，无小无大，以次列坐于先祖之前；子、妇、孙、曾，各上椒酒于其家长，称觞举寿，欣欣如也。”清代年画《家堂》描绘的正是“以上丁祀祖于门及祖祢道阳出滞，祈福祥焉”的画面。

春节的故事

欢庆新春

三

欢欢喜喜过新年

·杨家埠年画·

在我国，过春节也叫“过年”。关于“年”的由来，自古有很多传说，有一种说法是“年”是一种怪兽，头长触角，深居海底，只有除夕才爬上岸，吞食牲畜、伤人性命。因此，每到除夕这一天，人们都会扶老携幼逃往深山躲避。有一年的除夕，桃花村外来了个乞讨的老人，一位老婆婆给了他一些食物，并劝说他上山避难。半夜时分，“年”闯进村里，发现老婆婆家门贴大红纸，屋内烛火通明。“年”扑了过去，突然院内传来“噼噼啪啪”的炸响声，“年”浑身战栗，狼狈逃窜。

第二天，避难回来的人们知道了驱赶“年”的办法：“年”最怕红色、火光和炸响。从此每年除夕，家家贴红对联、贴门神、燃放爆竹；户户烛火通明，守更待岁。杨家埠年画《欢欢喜喜过新年》表现了人们过年的热闹场景和对美好生活的祈盼。

佳节祝安康 新春贺德福

·平度年画·

在我国，春节是一个非常重要的传统节日。相传在定阳山下有一个小村庄，村里住着一个名叫万年的青年，他每日测日影、望漏水，发现每隔三百六十多天，天时的长短就会重复一遍。天子祖乙因节令失常而率百官至天坛祭祀，万年带着他的日晷和漏壶去拜见天子。

祖乙听罢万年讲的日月运行周期，心中大喜，命人在天坛前修建日月阁，筑日晷台，造漏壶亭，并安排十二个童子供万年差遣。万年让六个童子守日晷，六个童子守漏壶，精心记录，按时禀报。祖乙登日月阁探望，万年指着申星说："申星追上了蚕百星，星象复原，夜交子时，旧岁已完，时又始春，望天子定个节吧。"祖乙说："春为岁首，就叫春节吧。"

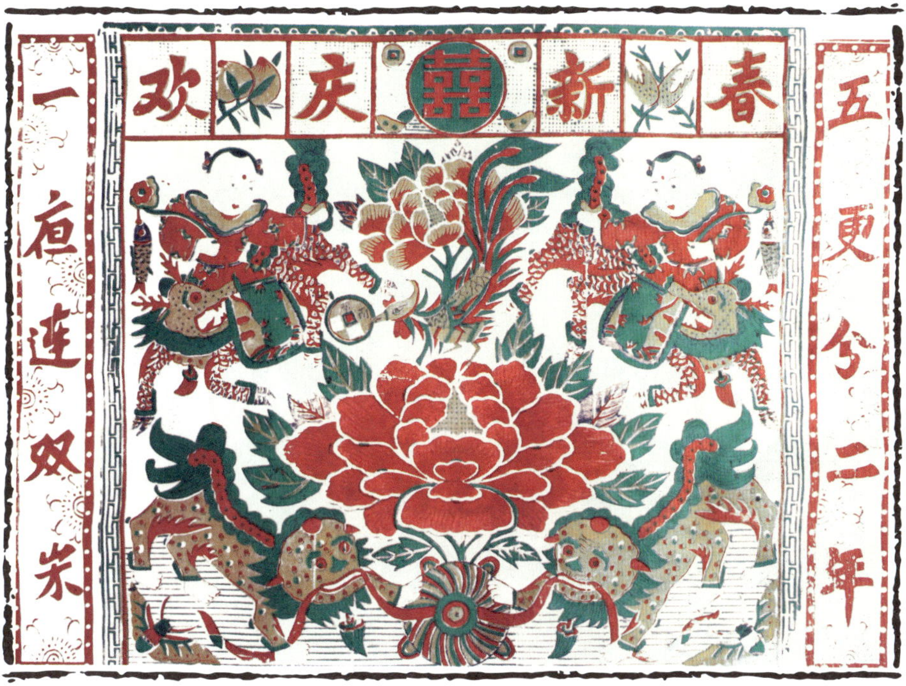

欢庆新春

·平度年画·

平度年画《欢庆新春》写着“五更分二年，一夜连双岁”的对联，图中有麒麟送子、凤凰牡丹、狮子滚绣球等图案，寓意吉祥如意。

爆竹迎春声声吉庆

·桃花坞年画　劳思作·

放炮竹

·绵竹年画·

宋代王安石在《元日》中写道："爆竹声中一岁除，春风送暖入屠苏。"爆竹是"除旧迎新"的象征。放爆竹是有讲究的。《虞城县志》记载：除夕夜，睡觉前，要鸣炮三声，称为关门炮；大年五更，鸣炮五声，称为开门炮；紧接着燃蜡敬祖，放鞭炮、下饺子。新年燃放爆竹，民间解释为迎接灶神、财神，祭祀天地全神。

喜神

·南通年画·

大年初一清晨，家家户户放完爆竹就要接喜神了。各地接喜神的叫法不一。北京叫“走喜神方”，上海叫“兜喜神方”，还有“出行”“出方”“出天方”等叫法。山西吕梁地区，新年元日出行到郊外，谓之“迎喜神”。喜神的方向有很多说法，其中一种是以公鸡最初啼鸣的方向为喜神的方向。

拜年

·明清年画·

春节为一年诸节之首，正月初一早餐后，人们开始走亲访友拜年。拜年这一习俗起源很早，古时称“元旦朝会”。宋周密《武林旧事》载：“朝廷元日冬至行大朝会仪，则百官冠冕朝服，备法驾，设黄麾仗三千三百五十人，用太常雅乐宫架登歌。太子、上公、亲王、宰执并赴紫宸殿立班进酒，上千万岁寿。”宋代民间有身份的人流行名刺拜贺。宋周密《癸辛杂识》载：“节序交贺之礼，不能亲至者，每以束刺金名于上，使一仆遍投之，俗以为常。”

拜年民俗也因地而异，如潮汕地区将拜年称为“拜正”。拜年礼物中大桔（潮州柑）是不可少的。大桔取其谐音“大吉”，不能是奇数，主人会留下两个大桔，取出自家大桔交换，意在互赠吉祥。因此，潮汕民间称拜年礼俗为“换柑运动”。

恭贺新禧

·桃花坞年画·

拜年的人行走在大街小巷、村头村尾，一路上可以看到舞狮舞龙的春节巡演。大年初一舞狮是春节的必备节目。桃花坞年画《恭贺新禧》中少年手举喜字绣球，逗引狮子扑咬。人们认为狮子顺利咬住绣球将有喜事上门。俗话说：狮子滚绣球，好事在后头。

·佛山剪纸·

舞狮的起源有一个传说：南朝宋文帝元嘉二十二年（公元445年），宋国与南方林邑国之间爆发了一场战争。宋军先是所向披靡，锐不可当。后来林邑国派出了以大象为坐骑的军队，来往无碍，宋军抵挡不住。宋将宗悫想到狮子之威足以镇百兽，于是命大家雕刻木块，制成狮子头套和面具后戴上与“象军”对阵，果然大获全胜。

宋将宗悫“狮阵”对“象军”获胜后，狮子在人们心目中就有了压邪镇凶的作用。后来，由军队创造的狮子舞慢慢流向民间，演变为舞狮送祥瑞的习俗。

在我国，舞龙虽源于祈雨，但经代代相传至今已成为一种重要的民俗活动。特别是每到春节，各地的人们均会舞动手工制作的龙，虽然龙的长短、工艺、舞龙人数各地均有不同，但人们期望通过舞龙增添节日氛围、带来好运的美好愿望是相通的。佛山剪纸《舞龙》从构图简化的角度考虑，将舞龙的人数简化到两人，这是艺术的提炼和升华。

欢天喜地

·平度年画·

平度年画《欢天喜地》表现了春节期间，儿童欢天喜地敲锣打鼓玩杂耍的场面。图中人物动感传神，栩栩如生。

欢天喜地

·杨柳青年画·

俗话说，欢欢喜喜过春节，因此《欢天喜地》也是人们春节常贴的年画。“欢天喜地”典出元王实甫《西厢记》第二本第二折：“红则见他欢天喜地，谨依来命。”杨柳青年画《欢天喜地》表现了儿童欢欢喜喜过春节的场景。

百童闹春·甩起绳来跳过南山

·桃花坞年画·

我国早在唐朝就已有跳绳的活动。明《帝京景物略》载：“二童子引索略地，如白光轮，一童子跳光中，曰‘跳白索’。”跳白索也称“跳百索”，是一种儿童跳绳游戏。当绳索飞转时，可以幻化成千百条绳子。现今国外韵律操中的绳操就是借鉴了我国古代的跳白索。

百童闹春·暗中摸索擒龙得乐

·桃花坞年画·

春节是儿童畅快玩乐的时光，娱乐活动很多，除了跳绳、踢毽子、拔河、滚铁环，还有捉迷藏等。很多孩子都喜欢玩捉迷藏，一人转身蒙眼，其他人找地方藏起来，数到十便开始摸索找人，找到其中一人即算胜利，故名“暗中摸索擒龙得乐”。

赏新灯

元宵节的故事

四

庆赏元宵

·杨柳青年画·

元宵节也叫元夕、元夜，又称上元节，是新年第一个月圆夜。道家称“上元节”，上元乃大官赐福之日，居“三元”之首。战国时民间即有祭“太一神”的活动，但无燃灯习俗。汉代实行宵禁，传说汉武帝赐旨正月十五让一位名叫元宵的宫女做汤圆供奉火神君，为祭祀太一神，正月十五晚上的灯火一直要燃到第二天天明。皇帝下令放夜，解除宵禁，让百姓看灯。元宵张灯在汉代叫“上元燃灯”，后成为全民狂欢节，各朝各代万民欢腾，从皇宫到大户人家院落竟呈锣鼓喧天之热闹。

五谷丰灯

·佛山年画·

《隋书》中御史柳彧一篇奏章描述了隋朝时元宵节的盛况：“窃见京邑，爰及外州，每以正月望夜，充街塞陌，聚戏朋游。鸣鼓聒天，燎炬照地，人戴兽面，男为女服，倡优杂技，诡状异形。”元宵节这一天，人们呼朋唤友，结伴到大街赏灯游玩，大街上车水马龙、拥挤不堪，张灯结彩，灯火通明。

太平盛世

·佛山年画·

唐史记载，上元节是一年中唯一解除宵禁、允许百姓狂欢的日子。唐中宗与皇后曾于景龙四年（公元710年）的元宵节一连两天微服观灯，并幸驸马韦安石府第。而且这一夜还破例允许宫女数千人外出看灯，次日点检人数，竟有不少逃亡不归。佛山年画《五谷丰登》《太平盛世》是一对门画，画中人物手持的鱼灯、宫灯都是元宵节常见的花灯。

花灯迎春

·桃花坞年画·

唐睿宗（已退位为太上皇）在先天二年（公元 713 年）上元节，曾一连三天御安福门观灯，并出内人（宫女和宫中乐伎）联袂踏歌，纵百僚同观。其时，另有宫女数千人，衣罗绮，曳锦绣，耀珠翠，施香粉，于灯轮下踏歌表演，三日才罢。唐睿宗所观之灯千年未变，都是民间巧手所制。桃花坞年画《花灯迎春》表现了当代吴地手工艺人正在为元宵灯节赶制宫灯的场景。

赏新灯

·桃花坞年画·

宫灯赶制出来了，大街小巷张灯结彩。桃花坞年画《赏新灯》刻画了姑娘们元宵灯节展示灯艺，欣赏和比试新灯的画面。每年正月十五夜幕降临时，大街小巷花灯竞放，千姿百态，争奇斗艳。十字街头，锣鼓喧天，丝竹阵阵，耍狮子、踩高跷、跑旱船、骑竹马之类的民间社火各逞绝技，吸引观灯之人摩肩接踵，涌动如潮，欢歌笑语，通宵达旦，故元宵节又称“灯节”。

宋代孟元老《东京梦华录》对当时的元宵灯节有细致描述：“游人已集御街两廊下，奇术异能，歌舞百戏，鳞鳞相切，乐声嘈杂十余里……”宋徽宗打出“宣和与民同乐”的招牌，整个城市解除夜禁，到处是彩山与灯山争辉，百戏与杂剧并陈，“万姓皆在露台下观看，乐人时引万姓山呼”，就这样一直狂欢到十九日才算“收灯”。

花灯童子

·绵竹年画·

绵竹年画艺术家创作的《花灯童子》借鉴传统图案，莲花灯和鱼灯寓意莲（连）年有鱼（余）、岁岁平安，是元宵节的常见花灯。

相传汉武帝时某年腊月，东方朔去御花园折梅花，见一个宫女泪流满面地向御井扑去，他慌忙上前拦救。这宫女叫元宵，因思念亲人，心如刀绞，便来投井。听了元宵的诉说，东方朔制成一张偈语："长安在劫，火焚帝阙，十六天火，焰红宵夜。"

双喜花灯

·武强年画·

汉武帝见到，吓得魄飞胆碎，忙向足智多谋的东方朔求教。东方朔说："听说火神君爱吃汤圆，依我之见，十五晚上可让全城臣民都做汤圆供奉，十六晚可让元宵手提大宫灯在前开道，我手端汤圆跟在后边，穿大街走小巷，虔诚敬奉火神君。"汉武帝立即传旨按东方朔的办法行事。正月十六，乡下百姓都进城观灯，元宵的妹妹也领着父母来长安观灯。当她看到写有"元宵"字样的大宫灯时，惊喜地高喊："元宵姐，元宵姐。"元宵听到喊声，来到父母跟前，一家人团聚在一起。因十五上供的汤圆是元宵做的，人们就把汤圆叫作"元宵"，把这一天叫作"元宵节"。

采莲船

·绵竹年画·

把元宵节的节日气氛推向高潮的是“闹花灯”，这是一场娱乐盛典，少不了“跑旱船”节目。“跑旱船”在湖北荆州地区又叫“采莲船”，载歌载舞，十分优美。

相传在唐太宗年间，河南洛水年年泛涨，洛阳桥被洪水冲垮，县官却不管不问。一日，洛水上游来了一只采莲的船，艄婆说：“列位君子，我们从南海来，我带一子一女采莲为生。我这女儿尚未许配人家，恭请各位公子不惜金银，投中我女儿者，即为如意郎君；投不中者，金银概不退回。”面对这位国色天姿的女子，大家争先投银，竟没有一个人投中。接连几日都是如此。到了第七日，采莲船来到河心，女子说：“吾乃南海观世音菩萨，得知洛阳桥被洪水冲垮，特施此计。金银皆供建桥使用，蒙列位君子赞助，感谢感谢！”

洛阳桥建造成功后，交通恢复。有个建洛阳桥的大匠名叫罗相，荆州沔阳人氏。为了纪念观世音，他回到家乡制作了一只采莲船。彩船用竹木杆扎成，上是宝塔亭阁型盖亭，并扎有彩球和剪出的各种图样，贴挂在船上。同时，他还安排了七个人演出：坐船的姑娘、撑篙的大汉、把舵艄婆，还有打锣、打鼓、打钹、拉琴的人。

每逢春节，从初一到十五元宵节，表演者沿门划采莲船，给节日增添了喜庆的气氛。从此，罗相首创的这一民族表演形式流传至今。

元宵舞狮

·蔚县剪纸·

明朝太祖朱元璋建都南京后，“盛为彩楼，招来天下富商，放灯十日”，自初八日张灯，至十八日落灯。明清两代的灯市上除有灯谜与百戏歌舞之外，还增设了戏曲表演的内容。历代人们除游灯市外，又有迎紫姑祭厕神、过桥摸钉走百病等习俗，有击太平鼓、扭秧歌、踩高跷、舞龙、舞狮等歌舞表演。如果说元宵灯节是过年期间最后一次纵情欢乐、释放能量的机会，那么元宵舞狮也是春节期间的最后一次舞狮狂欢。

元宵舞狮

·桃花坞年画·

狮子是汉武帝派张骞出使西域后带回的贡品之一。狮舞的技艺出自西凉的“假面戏”，也有人认为狮舞产生于5世纪时的军队。唐代时狮舞已盛行于宫廷、军旅和民间。唐段安节《乐府杂录》描述：“戏有五方狮子，高丈余，各衣五色，每一狮子有十二人，戴红抹额，衣画衣，执红拂子，谓之狮子郎，舞太平乐曲。”诗人白居易在《西凉伎》一诗中描绘：“西凉伎，假面胡人假狮子。刻木为头丝作尾，金镀眼睛银帖齿。奋迅毛衣摆双耳，如从流沙来万里。”由此可见，元宵节里舞狮和舞龙灯是同样精彩的传统文娱节目。

青龙节的故事

二月二龙抬头

五

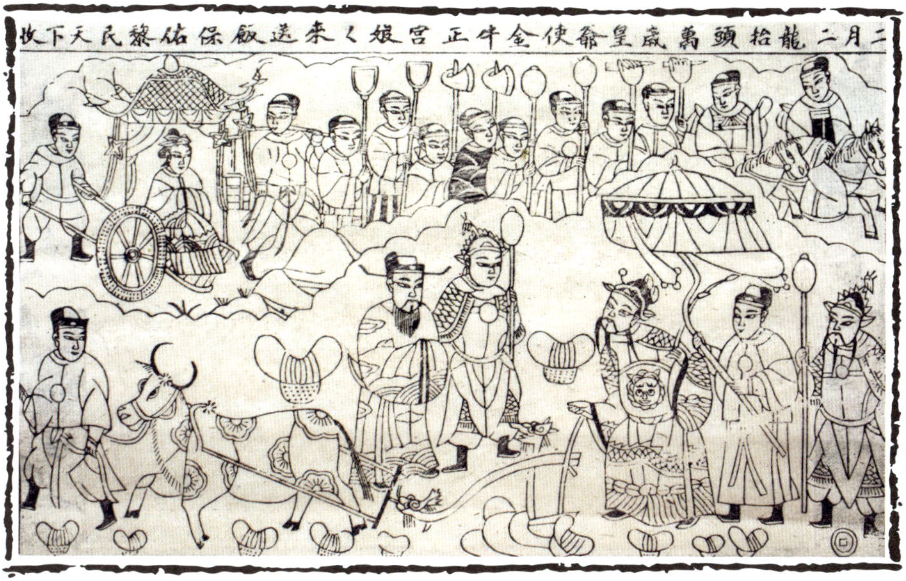

二月二龙抬头

·潍县年画墨线版·

农历二月初二，民间称为龙抬头日。有句俗话，“二月二，龙抬头”，象征春回大地，万物复苏。在北方，二月二叫青龙节、农头节、春龙节、龙头节等；在南方，它又叫踏青节。

“龙抬头”一说，最早见于明人刘侗《帝京景物略》：“二月二，龙抬头，蒸元旦，祭馀饼，熏床炕……”据说龙头节起源于伏羲氏时期。伏羲氏“重农桑，务耕田”，每年二月二这天“皇娘送饭，御驾亲耕”。后来的黄帝、唐尧、夏禹等纷纷效法先王。到了周武王时期，这一习俗还被发扬光大，每逢二月初二都举行盛大仪式，让文武百官都亲耕一亩三分地。这以后，“二月二”便定名为“农头节”。中唐时，此日开始流行挑菜等活动，时称“挑菜节”。宋末元初，北方的二月二又和惊蛰关联在一起，增加了“龙抬头”的内容，并逐渐演变成以驱虫害和祈丰收风俗为主的节日。

頭萬歲皇爺使金牛正宮娘

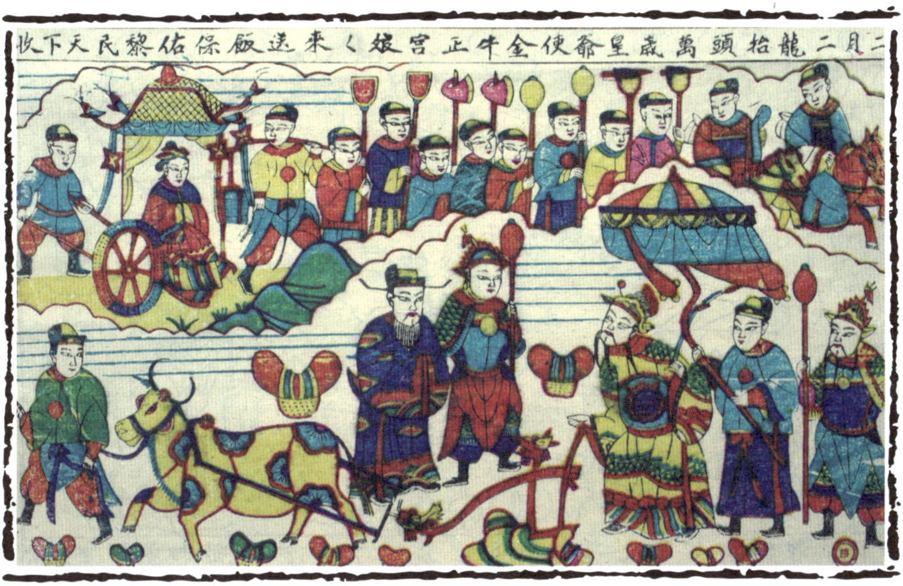

二月二龙抬头

·潍县年画·

《燕京岁时记》载：“二月二日，古之中和节也，今人呼为龙抬头。”古代每逢是日，皇帝率群臣亲耕于瘠田。所以，潍县年画《二月二龙抬头》上写道：“二月二，龙抬头，万岁皇爷使金牛，正宫娘娘来送饭，保佑黎民天下收。”此画描绘了皇帝亲自扶犁驱牛、耕于瘠田，表率天下的场景。正宫娘娘也坐车前来，保佑农民耕作劳动获得丰收。

相传，武则天废唐立周当了皇帝，惹得玉帝大怒，便下令三年内不许向人间降雨。但司掌天河的玉龙不忍百姓受灾挨饿，偷偷降了一场大雨。玉帝得知后，将司掌天河的玉龙打下天宫，压在一座大山下面，山下还立了一块碑，上面写道：龙王降雨犯天规，当受人间千秋罪。要想重登灵霄阁，除非金豆开花时。

二月二龙抬头

·杨家埠年画·

人们为了拯救龙王，到处寻找开花的金豆。到了第二年二月初二，人们翻晒金黄的种子，猛然想起，这种子就像金豆，炒开了花，不就是金豆开花吗？于是，家家户户在院里设案焚香，供上“开花的金豆”，希望龙王和玉帝看见。龙王知道这是百姓在救它，就大声向玉帝喊道：“金豆开花了，放我出去！”玉帝一看人间家家户户院里都开满了金豆花，只好传谕，召龙王回到天庭，继续给人间兴云布雨。从此以后，每到二月二这一天，民间形成了炒豆子的习俗。

二月二龙抬头

·杨家埠年画·

这是杨家埠年画《二月二龙抬头》的另一版本，图上的文字稍有不同：“二月二，龙抬头，万岁爷使金牛，娘娘来送饭，保正（证）今年大丰收。”“保佑黎民天下收”改为“保正（证）今年大丰收”，祈求丰收的寓意更加直接和具体。过去人们一般把二月二作为年节系列的终止，从此停止各种娱乐活动，开始恢复劳动。农家试犁时，先拜犁具，并唱喜歌“犁破新春土，牛踩丰收亩，春种一粒粟，秋收万颗籽”，然后牵牛到田间象征性地耕一耕。

《二月二龙抬头》画中突出了两个主题：一是皇帝使金牛耕田劳动，二是正宫娘娘来送饭，后者强调的是吃。传说，二月二这天是龙的生日，于是家家户户在这天都要改善生活，吃饺子曰“吃龙耳”，吃馒头曰“吃龙蛋”，吃面条曰“吃龙须”，均取吉祥之意。还有的地方吃花糕，意味着步步登高；吃炒蝎豆，“一年不被蝎子蜇”。这些都是讨吉祥兆头的食俗。

仓神位

·汤阴年画·

二月二这天，农村家家户户早起，用草木灰在屋内、院内、大门口和场院地面上撒成囤形，称此为“粮仓”或“粮囤”；中间放点麦、豆、谷等粮食，用砖块压住，称为“填仓”，祈祷五谷丰登。农家人念着：“二月二，龙抬头，大仓满，小仓流。”因此，这一天要敬仓神，敬仓神的同时要吃烙饼，古人认为烙饼可铺囤底，盖囤尖，防鼠防蛀，确保粮仓满满。

仓神宫

·凤翔年画·

一年的辛勤劳动都是为了粮食满仓，所以二月二这一天有些地区用白面或豆面做成小龙，谓之神虫，放在粮囤和面缸里，祈求粮面用之不尽。有的地区以灰画地为“安囤”，在囤里面放鞭炮为“涨囤”，以希望粮食多得囤中盛不下。有的地区在屋内灰囤中压几枚硬币或纸币，称为“钱囤”，以实现富裕愿望。凤翔年画《仓神宫》上的对联“年年取不尽，月月用有余”，正是农人“大囤尖，小囤流”美好愿望的写照。

清明节的故事

清明时节雨纷纷

六

春风水暖清明柳

·桃花坞年画·

传说，介子推被烧死在老柳树下后，晋文公将复活的老柳树赐名为“清明柳”，又把这天定为清明节。晋国的百姓对有功不居的介子推非常怀念。每逢他的忌日，大家用禁止烟火的方式来表示纪念。百姓们还用面粉和着枣泥捏成燕子的模样，用杨柳条串起来，插在门上，并称之为“之推燕”（介子推亦称介之推）。河北的《乐亭县志》有“插柳枝于户，以迎元鸟”。《滦州志》载：“以面为燕，著于柳枝插户，以迎元鸟。”元鸟就是燕子。此后，每到清明节（公历 4 月 5 日前后），人们都用柳条编成圆圈戴在头上，以示怀念。

放风筝

·高密年画·

传统年画上有柳枝、燕子和风筝图案的，往往与清明节有关。清明节门上插柳、戴柳条帽的寓意有多种说法。贾思勰《齐民要术》载："正月旦，取柳枝著户上，百鬼不入家。"宋代吴自牧《梦粱录》载："清明……家家以柳条插于门上，名曰明眼。"清乾隆年间《曲阜县志》载："插柳于门外，辟不祥。"河北《怀来县志》载："折柳枝插门，谓可避蛇虫。"

放风筝

·绵竹年画·

放风筝是清明时节人们所喜爱的活动，作为祈福纳祥的一项风俗活动，人们不仅白天放，夜间也放。夜里，在风筝下或风筝拉线上挂上一串串彩色的小灯笼，就像闪烁的星星，因此又被称为“神灯”。

·桃花坞年画·

清明节有荡秋千、游春踏青、蹴鞠等一系列风俗体育活动。相传这是因为清明节要禁火寒食，为了防止寒食冷餐伤身，大家要参加一些体育活动，以锻炼身体。因此，这个节日中既有祭扫亲人坟墓、生离死别的伤心泪，又有春光融融、健身游玩的欢笑声，是一个富有特色的节日。

武术健身

·桃花坞年画·

清明时节的体育活动中，武术是中国传统的健身项目。桃花坞年画《武术健身》系列，表现了清明期间儿童武术的精彩画面。

武术健身

·桃花坞年画·

武术健身

·桃花坞年画·

·桃花坞年画·

龙舟竞渡

端午节的故事

七

屈原

·拓片·

关于端午节的起源，说法甚多，其中纪念屈原说流传最广。屈原曾任左徒、三闾大夫之职，他倡导举贤授能、富国强兵，力主联齐抗秦，遭到贵族子兰等强烈反对，于是屈原遭谗去职，被赶出都城，流放到沅、湘流域。流放中，他写下了忧国忧民的《离骚》《天问》《九歌》等不朽诗篇。公元前278年，秦军攻破楚都，屈原心如刀割，于五月初五写下绝笔《怀沙》，抱石投汨罗江而死。

八美比武

·桃花坞年画·

端午节要举办一系列民俗、体育活动，主要有女儿回娘家，挂钟馗像，躲午，贴午叶符，悬挂菖蒲、艾草，游百病，佩香囊，备牲醴，赛龙舟，踢球，比武，击球，荡秋千，给小孩儿涂雄黄，饮雄黄酒、菖蒲酒，吃五毒饼、咸蛋、粽子和时令鲜果等。桃花坞年画《八美比武》描绘了古代女子比武健身的画面。

端阳喜庆

· 桃花坞年画 ·

传说屈原死后，楚国百姓哀痛异常，纷纷涌到汨罗江边去凭吊。渔夫们划船在江上来回打捞屈原的尸身，有位渔夫拿出为屈原准备的饭团、鸡蛋等食物丢进江里，说是鱼龙虾蟹吃饱了，就不会去咬屈大夫的身体了。人们见后，纷纷仿效。后来，人们担心饭团为蛟龙所食，便想出用楝树叶包饭外缠彩丝的做法，后逐渐演变成粽子。此后，每年的农历五月初五有龙舟竞渡、吃粽子的风俗，以此纪念爱国诗人屈原。

龙

·蔚县剪纸·

闻一多先生认为，端午节源于中国古代南方吴越民族举行图腾祭的活动，比屈原的时代更早。近代大量出土文物和考古研究证实：在新石器时代，长江中下游广大地区有一种几何印纹陶为特征的文化遗存。该遗存的族属是一个崇拜图腾龙的部族，史称百越族，他们生活于水乡，有断发文身的习俗，自称是龙的子孙。端午节就是他们创立用于祭祖的节日。

划龙舟

·蔚县剪纸·

江浙地区的划龙舟兼有纪念当地出生的近代女革命家秋瑾的意义。夜龙船上，张灯结彩，来往穿梭，别具情趣。贵州苗族人民在农历五月二十五至二十八举行“龙船节”，以庆祝插秧胜利和预祝五谷丰登。云南傣族同胞则在泼水节赛龙舟，以纪念古代英雄岩红窝。划龙舟先后传入日本、越南等邻国，远及英国。1980 年，赛龙舟被列入中国国家体育比赛项目，并于每年举行“屈原杯”龙舟赛。

农家乐·赛龙舟

·潍县年画·

赛龙舟

·漳州年画·

现在我们一说到端午节，首先想到的就是两件事：一是吃粽子，二是赛龙舟。赛龙舟是端午节的一项重要活动，竞渡之习，盛行于吴、越、楚。《荆楚岁时记》云：“五月五日竞渡，俗为屈原投汨罗日，伤其死，故命舟楫以拯之。”又云：“屈原以夏至赴湘流，百姓竞以食祭之。常苦为蛟龙所窃，以五色丝合楝叶缚之。”

驱邪镇宅

·绵竹年画·

南北朝梁宗懔《荆楚岁时记》载："五月俗称恶月，多禁。""采艾以为人形，悬门户上，以禳毒气。"传说黄巾起义军打到邓州城下，妇孺老幼皆往城外逃。黄巢询问一携带两个小孩儿的妇人，妇人说："大的是邻居的孩子，其父母已亡，只剩下这根独苗。小的是自己的孩子。万一不能双全，宁可丢掉自家的，也要保住邻居的。"黄巢说："黄巾军杀富济贫，你爱邻居的孩子，我爱天下的百姓。"说着，拔下两棵艾草递过去："有艾不杀，请回城告诉百姓，门上插艾，便保平安。"转天黄巢进城，全城穷人家门上都插了艾草。后艾草被扎成天师形象，民间艺人又将其描绘成虎头吞口，驱邪镇宅，加强了悬艾的符号意义。

威震八荒

·武强年画·

古代风俗，端午日，家家买桃、柳、葵、榴、蒲叶、五色瘟纸等，当门供养，以艾与百草缚成天师，悬于门额上，或悬虎头白泽，以为辟瘟疾等用。艾草还被制为虎形，《帝京岁时纪胜》有“五月朔，家家悬朱符，插蒲龙艾虎”。清乾隆四年刻本《湖州府志》中记载，将蚕茧剪作虎形，以艾编为人形，跨于虎上，民间称为“健人老虎”。海州湾的渔民过端午节要在门上贴“虎符”，即朱笔黄纸画虎头，或用红黄纸剪虎贴于门上，还以蛋壳、羽毛制成老虎造型，挂在门上，称为“挂艾虎”。

雄鸡

·平阳年画·

端午节要驱恶灭“五毒”。民间习俗认为，五毒（一般为蛇、蝎、蜥蜴、蜈蚣和蟾蜍）在端午节开始滋生，所以这一天要张贴镇五毒的年画、纸马或剪纸，以驱邪避毒。小孩的围涎、鞋帽、肚兜上经常绣有“鸡镇五毒”“虎镇五毒”的图案；门上常见“鸡镇五毒”图，图旁写着：“五腥，五端阳，吃粽子，饮雄黄，金鸡贴在俺门上，蝎子蜈蚣都死光！”

水乡风光

·桃花坞年画·

端午节，家家户户还有打午时水的风俗。所谓“午时水”，就是端午节当天午时打的水。据说，午时水用来泡茶、酿酒特别香醇，生饮甚至具有治病的奇效。有谚语道，“午时洗目睭（眼睛），明到若乌鹫”，又说“午时水饮一嘴，较好补药吃三年”。

八

天河配

七夕节的故事

农家乐·七夕到

·潍县年画·

七夕节又称“乞巧节”，图中写道：“七夕到，雨连连，乞巧女，求广寒。”七夕乞巧源于汉代，东晋葛洪的《西京杂记》有“汉彩女常以七月七日穿七孔针于开襟楼，人俱习之”的记载。唐王建诗：“阑珊星斗缀珠光，七夕宫嫔乞巧忙。”《开元天宝遗事》载：唐太宗与妃子每逢七夕在清宫夜宴，宫女们各自乞巧，这一习俗代代延续。宋元之际，七夕乞巧热闹非凡，京城中还设有专卖乞巧物品的市场，世人称为乞巧市。宋罗烨、金盈之辑《醉翁谈录》写道：“七夕，潘楼前买卖乞巧物。自七月一日，车马嗔咽，至七夕前三日，车马不通行，相次壅遏，不复得出，至夜方散。”从乞巧市购乞巧物的盛况，可推知当时乞巧节的热闹景象。

天河配

·凤翔年画·

七夕节和牛郎织女的传说相连。传说牛郎爱慕织女，被罚下凡界，生于农家并受嫂虐待，分家只得老牛一头。老牛本是金牛星化身，帮牛郎和织女成婚，生下一男一女。王母娘娘得知后，召回金牛星。金牛星走时叫牛郎剥下老牛的皮，遇到急事就把牛皮披在身上。

天河配

·蔚县剪纸·

织女被王母娘娘捉回，牛郎披上牛皮，抱起孩子急忙追赶。王母娘娘在牛郎、织女中间划上一条天河，二人隔河相望而泣。后来两人获准每年农历七月初七相会一次，届时喜鹊飞来搭起鹊桥，帮助二人团圆。

牛郎织女

·朱仙镇年画·

关于天河配的传说有很多版本，最生动的还是这样一个故事。

相传南阳城西牛家庄有一个忠厚的小伙子名叫牛郎，他父母早亡，只好跟着哥哥嫂子度日。嫂子马氏为人狠毒，经常虐待他，逼他干很多的活儿。后来嫂子谋划兄弟分家，全部家产都归兄嫂，只分了一头老牛给牛郎。

分家后，牛郎和老牛相依为命，开荒破土，耕田种地。一天，老牛突然开口说话："牛郎，今天你去碧莲池一趟，那儿有仙女洗澡，你把那件红色的仙衣藏起来，那件红色仙衣的主人就会成为你的妻子。"牛郎半信半疑地来到湖边，果然见到七位美丽的仙女在湖里沐浴玩水。牛郎按照老牛的指示，从芦苇丛里跑出来，拿走了红色的仙衣。

仙女们见有人来了，纷纷穿上自己的衣裳飞走了，只剩下没有衣服的织女，又羞又急，向牛郎讨还衣服。牛郎说，她答应做他的妻子，他才能还给她衣裳。织女含羞答应了他。这样，织女便做了牛郎的妻子。

时光荏苒，眨眼三年，牛郎织女结婚后男耕女织，相亲相爱，情深义重，日子过得美满幸福。织女为牛郎生下了一儿一女，十分可爱，他们满以为能够终身相守，白头到老。有一天，牛郎从田头匆匆赶回告诉织女："牛大哥死了，它要我在它死后将牛皮剥下保存好，有朝一日，披上它，就可飞上天去。"织女一听就明白了，老牛是天上的金牛星。

王母娘娘知道织女下凡和牛郎相爱成家后勃然大怒，马上派遣天神捉拿织女回天庭问罪。这天，突然狂风大作，天兵天将从天而降，不容分说，押解着织女便飞上了天空。牛郎眼巴巴地看着自己的爱妻就这样离他远去，哭喊着织女的名字，一时手足无措。突然，他想起牛大哥临死前说过的话，就找出牛皮，披上，带着两个孩子站在自己家门前往上一跳，果然就飞上天了。牛郎奋力追上去，眼看牛郎和织女即将相逢，就在这时，王母娘娘驾着祥云赶来，她拔下头上的金簪，在他们中间一划，立刻出现了波涛汹涌、白浪滔天的银色天河。

这条天河波涛滚滚地横在织女和牛郎之间，从此他们一个在河东、一个在河西，遥遥相对，却无法相见。织女望着天河对岸的牛郎和儿女，哭得声嘶力竭，牛郎和孩子也哭得死去活来。听见他们的哭声和孩子们一声声"妈妈"的喊声，连在旁观望的仙女、天神们都觉得心酸难过，于心不忍。王母娘娘见此情此景，也被他们坚贞的爱情所感动，便同意让牛郎和孩子们留在天上，每年七月初七让他们相会一次。从此，牛郎和他的儿女就住在了天上，隔着一条天河，与织女遥遥相望。

牛郎湖边藏仙衣

·武强年画·

老牛留皮

·武强年画·

牛郎披牛皮飞天

·武强年画·

鹊桥会

·武强年画·

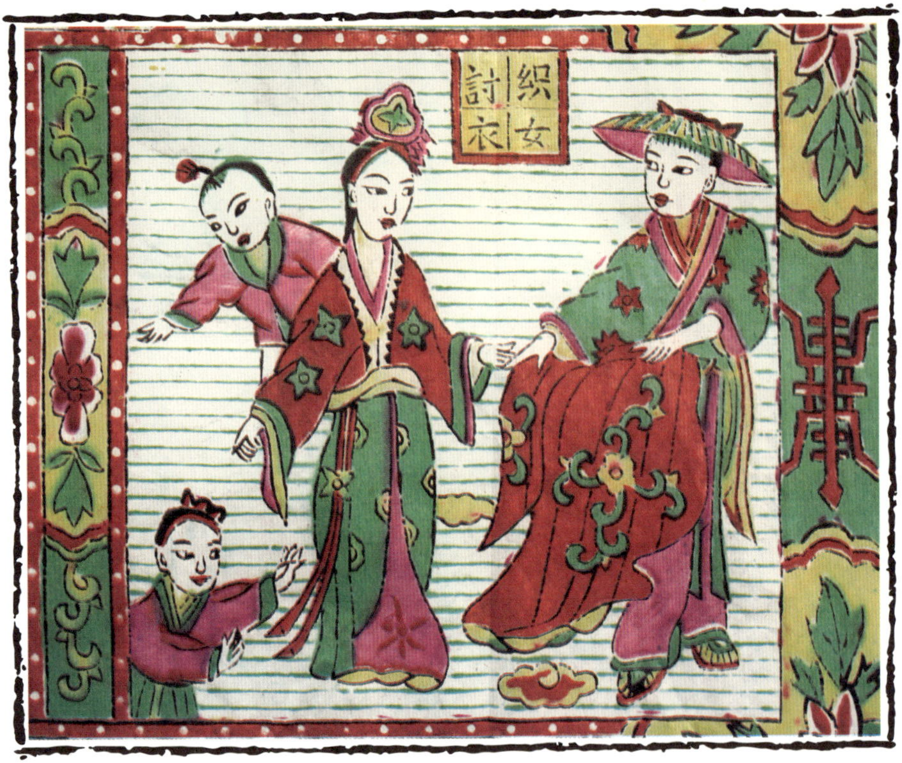

织女讨衣

·平度年画·

织女回天

·平度年画·

牛郎、织女坚贞的爱情也感动了喜鹊，每年七月初七，千万只喜鹊飞来，搭成鹊桥，让牛郎、织女走上鹊桥相会。我们看到无数的民间绘画和剪纸都表现了这样一个画面：鹊桥之上，牛郎和织女团聚了！他们深情相对，搂抱着他们的儿女，有无数的话儿要说，有无尽的情意要诉。

平度年画采取连环画的形式，刻绘了《天河配》的四个经典图案——《织女讨衣》《织女回天》《王母画河》《七夕相会》，表现了牛郎、织女神话的主要情节。

王母画河

·平度年画·

七夕相会

·平度年画·

金牛触嫂

·潍县年画·

王母娘画天河一年一会

·潍县年画·

七月七鹊桥会

·潍县年画·

潍县年画《七月七鹊桥会》（“鸽桥”系“鹊桥”之误），表现的就是牛郎、织女相会的这一场景。每到农历七月初七牛郎、织女鹊桥相会的日子，姑娘们就会来到花前月下，抬头仰望星空，寻找银河两边的牛郎星和织女星，希望能看到他们一年一度的相会，同时也祈盼能找到自己的意中人，获得深挚美好的爱情。

天河配

·潍县年画·

牛郎、织女天河配神话源远流长。早在三千年前的西周就已现雏形，《诗经·小雅·大东》记载了牛郎织女星："维天有汉，监亦有光。跂彼织女，终日七襄。虽则七襄，不成报章。睆彼牵牛，不以服箱。"汉代有"迢迢牵牛星，皎皎河汉女。纤纤擢素手，札札弄机杼。终日不成章，泣涕零如雨。河汉清且浅，相去复几许。盈盈一水间，脉脉不得语。"东汉应劭的《风俗通义》中有"以鹊为桥"的记载："织女七夕当渡河，使鹊为桥。相传七日鹊首无故皆髡，因为梁以渡织女故也。"

牛郎织女

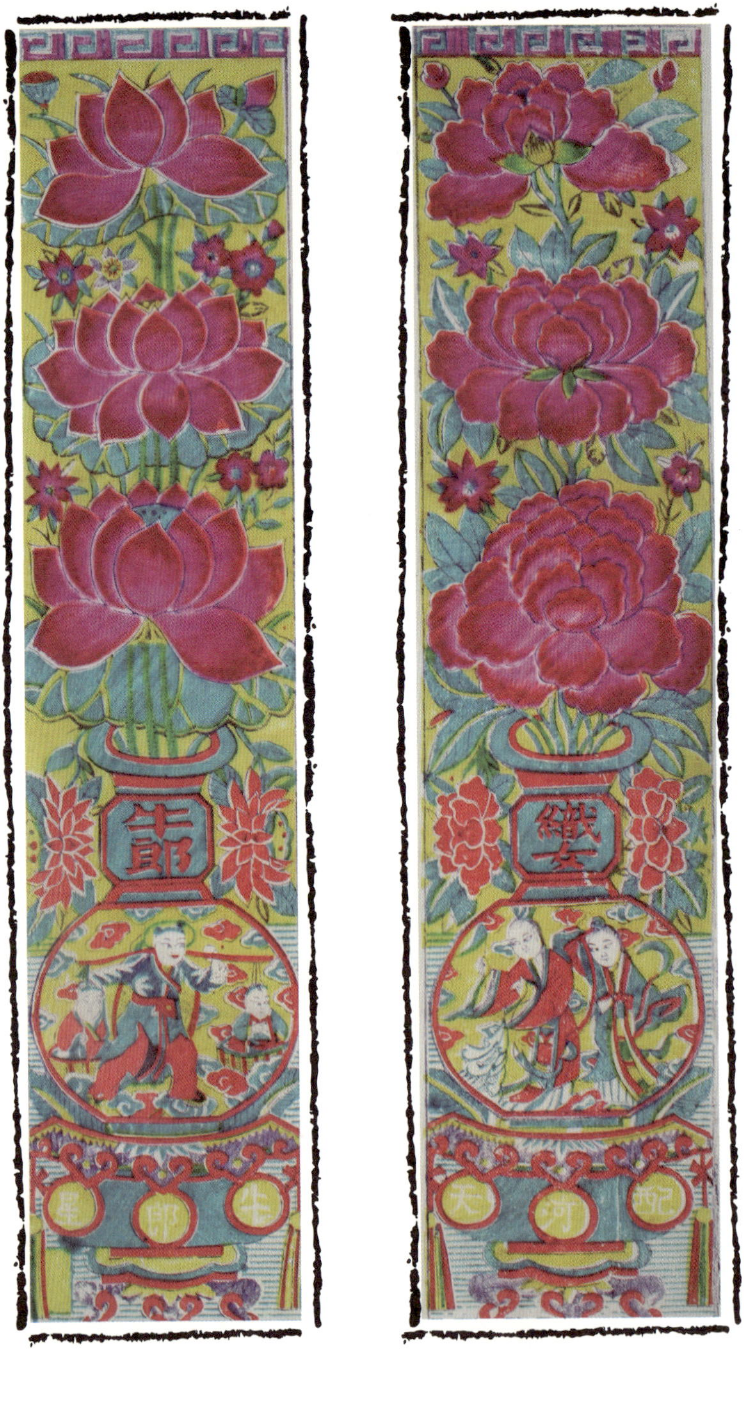

·杨家埠年画·

“七月七日长生殿，夜半无人私语时。

在天愿作比翼鸟，在地愿为连理枝。”

七夕节最终演变成了“情人节”。

嫦娥奔月

中秋节的故事

九

中秋拜月

·老剪纸·

中秋节又称月夕、秋节、仲秋节、八月节、八月会、追月节、玩月节、拜月节、女儿节、团圆节等。据史籍记载，“中秋”一词最早出现在《周礼》一书中。魏晋时，有“谕尚书镇牛渚，中秋夕与左右微服泛江”的记载。唐初，中秋节成为固定的节日。《唐书·太宗记》有“八月十五中秋节”的记载。中秋节盛行于宋朝，而“团圆节”的记载见于明代《西湖游览志余》：“八月十五谓中秋，民间以月饼相送，取团圆之意。”《帝京景物略》载：“八月十五祭月，其饼必圆……其有妇归宁者，是日必返夫家，曰团圆节也。”

嫦娥奔月

·凤翔年画·

相传后羿射下九个太阳后，娶了美丽善良的妻子嫦娥。一天，后羿到昆仑山访友求道，巧遇王母娘娘，求得一包可升天成仙的不死药，交给嫦娥珍藏，不料被小人蓬蒙看见。当后羿率众徒外出狩猎时，蓬蒙假装生病留下，手持宝剑闯入内宅，威逼嫦娥交出不死药。嫦娥危急之时当机立断，将仙药一口吞下，即刻飘离地面，向天上飞去。由于嫦娥牵挂丈夫，便飞落到离人间最近的月亮上成了仙。

嫦娥奔月

·佛山剪纸·

后羿狩猎回到家中，侍女们哭诉白天发生的事。后羿悲痛欲绝，仰望夜空呼唤爱妻的名字，他惊奇地发现，皎洁月亮中，有个晃动的身影酷似嫦娥。他拼命朝月亮追去，可是他追三步，月亮退三步，他退三步，月亮进三步，无论怎样也追不到月亮。后羿只好到嫦娥喜爱的后花园里，摆上香案，遥思月宫里的嫦娥。

嫦娥奔月

·汉画像石拓片·

中秋节拜月的风俗在民间传开。每到中秋之夜，百姓纷纷在月下摆设香案，放上嫦娥最爱吃的蜜食鲜果，向善良的嫦娥祈求吉祥平安。据《东京梦华录》卷八的记载，在中秋节的前几天，宋朝的街市就开始布置门前的彩楼，贩卖新酒，市人争饮。新鲜的水果有石榴、梨、葡萄、橘等。中秋之夜，人们登楼赏月。到了明朝，赏月、祭月、吃月饼的风俗大盛。《西湖游览志余》“熙朝乐事”中记载，明人多于中秋节以月饼相馈赠，取其“团圆”之意。《帝京景物略》卷二则详细描述了明末中秋祭月的供品：月饼必须是圆形的，所供的瓜果则必须切成如莲花般的牙瓣。

嫦娥奔月

·老剪纸·

菊花晚了香

重阳节的故事

重阳节

·蔚县剪纸·

农历九月初九为我国传统节日重阳节。庆祝重阳节的活动丰富多彩，包括出游赏景、登高远眺、观赏菊花、插茱萸、吃重阳糕、饮菊花酒等活动。“重阳”一词最初见于春秋战国时屈原的《远游》：“集重阳入帝宫兮，造旬始而观清都。”这里的“重阳”是指天，还不是指节日。重阳节的起源可追溯到汉初，每年九月初九，汉朝皇宫中都要佩茱萸、食蓬饵、饮菊花酒，以求长寿，该日有登高的风俗，所以重阳节又叫登高节。

登高、茱萸、菊花和酒，是重阳节的四大要素，而蔚县剪纸《重阳节》囊括了全部要素。重阳节佩茱萸，在晋代葛洪《西京杂记》中就有记载。唐代诗人咏九月九，王维写“遥知兄弟登高处，遍插茱萸少一人”，杜甫写“醉把茱萸仔细看”，言及登高、茱萸和酒。

菊花晚了香

·潍县年画·

菊花在金秋绽放，秋天是成熟和收获的季节，菊花象征老人，也寓意长寿，自古就有年画《菊花晚了香》（“黄花”，即菊花），寓意老人暮年更具风采。重阳节除了佩戴茱萸外，还有插菊花、赏菊、饮菊花酒的风俗。赏菊、饮菊花酒源自晋代文人陶渊明。陶渊明在《九日闲居》诗序文中说：“余闲居，爱重九之名。秋菊盈园，而持醪靡由，空服九华，寄怀于言。”这里同时提到菊花和酒，可见在魏晋时期重阳日已有饮酒赏菊的风俗。

农家乐·日如梭到重阳

·潍县年画·

关于重阳节俗的源头有多种说法，有一种说法是源于梁人吴均《续齐谐记》里的一个神仙故事：费长房学道有成，能施缩地之术。一天，他对徒弟桓景说："九月九日你家有灾，你要带全家人登高山，每人臂上扎一个红布袋，袋里装茱萸。"靠着这一指点，桓景全家躲过了大灾难。后来人们就把重阳节登高作为免灾避祸的活动。同时，"九九"还是生命长久、健康长寿的意思，故而重阳节也称为老人节。

菊花

·扬州剪纸·

重阳赏菊之俗自陶渊明后，代代相传，民间还将农历九月称为“菊月”，在菊花傲霜怒放的重阳节里，观赏菊花成了节日的一项重要内容。到北宋，京师开封的菊花已有很多品种，千姿百态，争奇斗艳，重阳赏菊蔚成风气，还有将彩缯剪成菊花来相赠佩戴的。清代，赏菊之俗尤为盛行，且不限于农历九月初九。当时有的地区重阳节是把菊花枝叶贴在门窗上，解除凶秽，以招吉祥，这是头上簪菊的变俗。